Delicious
MUGCAKES

Élise Delprat-Alvarès

Photographies : Tiphaine Birotheau
Stylisme : Sidonie Pain

LAROUSSE

Sommaire

- Mug cake des chocovores 4
- Mug cake citron-graines de pavot 6
- Mug cake des régimeuses, à la fraise 8
- Mug cake chocorange 10
- Mug cake de l'ours guimauve à la banane 12
- Mug cake des filles à la vanille 14
- Mug cake praliné, cœur guimauve 16
- Mug cake chocolat noir-framboise 18
- Mug cake poire-Carambar® 20
- Mug cake choco-menthe 22
- Mug cake Caraïbes 24
- Mug cake so spéculoos 26
- Mug cake du Père Noël 28
- Mug cake girly à la myrtille 30
- Mug cake presque cheesecake 32
- Mug cake breton façon far 34
- Mug Melba 36
- Mug cake comme un cookie 38
- Mug cake brownie 40
- Mug cake crémeux et marbré café-chocolat blanc 42
- Mug cake Nutella®-M&M® 44
- Mug cake antigrippe pomme, miel et calvados 46
- Mug cake tout marron 48
- Mug Ispahan, rose, framboises et litchis 50
- Mug omelette 52
- Mug quiche bleu au saumon 54

Mug cake des chocovores

POUR 1 MUG CAKE

PRÉPARATION : 4 min

CUISSON AU MICRO-ONDES (800 W) : 35 s + 1 min 20

25 g de chocolat noir • 20 g de chocolat au lait • 30 g de beurre • 1 petit œuf • 20 g de sucre en poudre • 20 g de farine • 2 cl soit 4 cuill. à café de lait demi-écrémé • 1 cuill. à soupe de pépites de chocolat blanc

> Cassez les chocolats noir et au lait en morceaux dans un mug. Ajoutez le beurre et placez le mug au micro-ondes pendant 35 secondes.

> Mélangez, puis ajoutez l'œuf, le sucre, la farine et le lait. La préparation doit être lisse et homogène.

> Parsemez de pépites de chocolat blanc et placez le mug au micro-ondes pendant 1 minute 20 environ.

> Laissez tiédir le Mug cake avant de le déguster.

Les Éditions Larousse utilisent des papiers composés de fibres naturelles, renouvelables, recyclables et fabriquées à partir de bois issus de forêts qui adoptent un système d'aménagement durable. En outre, les Éditions Larousse attendent de leurs fournisseurs de papier qu'ils s'inscrivent dans une démarche de certification environnementale reconnue.

Direction de la publication :
Isabelle Jeuge-Maynart et Ghislaine Stora
Direction éditoriale : **Agnès Busière**
Édition : **Amandine Brouard**
Mise en page : **Les PAOïstes**
Couverture : **Damien Payet**

ISBN 978-2-03-586978-4

© Larousse 2014

Toute reproduction ou représentation intégrale ou partielle, par quelque procédé que ce soit, du texte et/ou de la nomenclature contenus dans le présent ouvrage, et qui sont la propriété de l'Éditeur, est strictement interdite.

Imprimé en Chine
Dépôt légal : mai 2014
311383/01 - 11022008 - avril 2014

Mug cake citron- graines de pavot

POUR 1 MUG CAKE

PRÉPARATION : 4 min • CUISSON AU MICRO-ONDES (800 W) : 1 min

1 œuf • 20 g de cassonade • 1 cuill. à café de zestes de citron vert • 15 g de farine • 10 g d'amandes en poudre • 1 pincée de levure chimique • le jus de 1/2 citron vert • 2 cl soit 4 cuill. à café de lait demi-écrémé • 1 cuill. à soupe de marmelade de citron • 1 cuill. à café de graines de pavot

> Fouettez l'œuf dans un mug avec la cassonade et les zestes de citron vert jusqu'à ce que le mélange blanchisse.

> Incorporez la farine, les amandes en poudre et la levure en continuant de battre. Versez le jus de citron vert et le lait en remuant jusqu'à obtention d'un mélange bien lisse, puis incorporez la marmelade de citron et les graines de pavot. Mélangez de nouveau.

> Faites cuire 1 minute environ au micro-ondes en surveillant. Attention, le Mug cake va gonfler !

> Vérifiez la cuisson et laissez tiédir.

Mug cake des régimeuses, à la fraise

POUR 1 MUG CAKE

PRÉPARATION : 4 min • CUISSON AU MICRO-ONDES (800 W) : 1 min

1 blanc d'œuf • 1 cuill. à soupe de son d'avoine (au rayon diététique ou dans les magasins bio) • 1 cuill. à soupe de cacao non sucré • 1 pincée de levure chimique • 1 cuill. à café de gousse de vanille en poudre • 3 cuill. à soupe d'édulcorant liquide • 2 cl soit 4 cuill. à café de lait écrémé • 3 fraises coupées en morceaux

> Dans un mug, fouettez le blanc d'œuf non battu avec le son d'avoine, le cacao, la levure et la vanille en poudre. Versez l'édulcorant liquide et le lait. Fouettez afin que la préparation soit homogène et ajoutez les fraises.

> Faites cuire 1 minute environ au micro-ondes et laissez refroidir.

ASTUCE : préparez vos Mug cakes juste avant le repas, ils seront encore tièdes et parfaits pour le dessert.

Mug cake chocorange

POUR 1 MUG CAKE

PRÉPARATION : **4 min**
CUISSON AU MICRO-ONDES (800 W) : **35 s + 1 min**

45 g de chocolat noir • 25 g de beurre • 1 petit œuf
• 20 g de cassonade • 15 g de farine • 5 g d'amandes en poudre
• 4 cuill. à café de jus d'orange • 2 cuill. à soupe d'écorce
d'oranges confites • 1 pincée de poudre d'écorce d'orange
(dans les magasins bio)

> Cassez le chocolat noir en morceaux dans un mug.
Ajoutez le beurre et placez le mug au micro-ondes pendant
35 secondes. Mélangez, puis ajoutez l'œuf, la cassonade,
la farine, les amandes en poudre et le jus d'orange.

> Coupez les écorces confites en petits morceaux à l'aide
de ciseaux et ajoutez-les à la préparation avec la poudre
d'écorce.

> Placez le mug dans le micro-ondes et faites cuire 1 minute
environ. Laissez refroidir.

PLUS GOURMAND : les amateurs d'eau de fleur d'oranger
peuvent en ajouter quelques gouttes à la préparation.

Mug cake de l'ours guimauve à la banane

POUR 1 MUG CAKE

PRÉPARATION : 4 min
CUISSON AU MICRO-ONDES (800 W) : 20 s + 1 min

20 g de beurre demi-sel • 10 g de cassonade • 10 g de farine
• 10 g de fécule de maïs • 1 pincée de levure chimique
• 1 cuill. à café de cacao sucré • 1 banane bien mûre écrasée
• 2 cl soit 4 cuill. à café de lait demi-écrémé
• 1 Ourson Guimauve® au chocolat

> Faites fondre le beurre dans un mug pendant
20 secondes, puis fouettez-le avec la cassonade.

> Incorporez la farine, la fécule, la levure et le cacao.
Ajoutez la banane et le lait en mélangeant.

> Enfoncez l'Ourson Guimauve® dans la préparation
et enfournez pour 1 minute environ au micro-ondes avant
de laisser refroidir.

PLUS GOURMAND : parsemez de miettes de spéculoos
à la sortie du micro-ondes.

Mug cake des filles, à la vanille

POUR 1 MUG CAKE

PRÉPARATION : 4 min
CUISSON AU MICRO-ONDES (800 W) : 25 s + 1 min

25 g de beurre • 1 blanc d'œuf • 20 g de sucre vanillé • 10 g de farine • 10 g de fécule de maïs • 1 pincée de levure chimique • 2 cl soit 4 cuill. à café de yaourt bulgare à la vanille • 1 cuill. à soupe de vanille liquide • 1 pincée de gousse de vanille en poudre

> Dans un mug, coupez le beurre en morceaux. Faites-le fondre au micro-ondes pendant 25 secondes environ.

> Ajoutez le blanc d'œuf non battu sur le beurre fondu et fouettez le mélange en incorporant le sucre vanillé. Ajoutez ensuite la farine, la fécule, la levure et mélangez. Versez le yaourt à la vanille, la vanille liquide et la gousse de vanille en poudre en continuant à remuer.

> Placez le mug dans le micro-ondes et faites cuire 1 minute environ. Laissez refroidir.

PLUS GOURMAND : juste avant la cuisson, enfoncez un bonbon au caramel dans la préparation (un bonbon au caramel enrobé de chocolat)...

Mug cake praliné, cœur guimauve

POUR 1 MUG CAKE

PRÉPARATION : 4 min
CUISSON AU MICRO-ONDES (800 W) : 35 s + 1 min

45 g de chocolat Pralinoise® • 15 g de beurre salé
• 1 petit œuf • 10 g de sucre en poudre • 20 g de farine
• 1 pincée de levure chimique • 2 cl soit 4 cuill. à café
de crème liquide • 1 marshmallow

> Cassez le chocolat en morceaux dans un mug. Ajoutez le beurre en morceaux et faites fondre au micro-ondes pendant 35 secondes environ. Mélangez, puis ajoutez l'œuf, le sucre, la farine et la levure. Versez ensuite la crème liquide, en continuant de mélanger.

> Enfoncez le marshmallow dans la préparation et glissez au micro-ondes pour 1 minute environ.

> Prenez patience et laissez le Mug cake tiédir !

VARIANTE : remplacez la guimauve par de la meringue, c'est aussi bon !

Mug cake chocolat noir-framboise

POUR 1 MUG CAKE

PRÉPARATION : 4 min

CUISSON AU MICRO-ONDES (800 W) : 35 s + 1 min

- 45 g de chocolat noir • 35 g de beurre • 1 petit œuf
- 20 g de farine • 2 cl soit 4 cuill. à café de lait demi-écrémé
- 1 $^1/_2$ cuill. à soupe de confiture de framboises
- quelques framboises

> Faites fondre le chocolat noir et le beurre dans un mug pendant 35 secondes au micro-ondes.

> Ajoutez l'œuf en mélangeant vigoureusement. Incorporez la farine, le lait et la confiture de framboises. Mélangez, puis ajoutez les framboises. Remuez à peine pour ne pas les écraser.

> Placez au micro-ondes pendant 1 minute environ, puis laissez refroidir.

PLUS GOURMAND : recouvrez le Mug cake encore tiède d'un nuage de crème Chantilly et de quelques copeaux de chocolat.

Mug cake poire- Carambar®

POUR 1 MUG CAKE

PRÉPARATION : 4 min
CUISSON AU MICRO-ONDES (800 W) : 25 s + 1 min 10

30 g de beurre • 1 petit œuf • 20 g de cassonade • 10 g de farine • 10 g de fécule de maïs • 1 pincée de levure chimique • 2 cl soit 4 cuill. à café de jus de poire • 1/2 poire au sirop • 1 Carambar®

> Faites fondre le beurre au micro-ondes directement dans un mug pendant 25 secondes.

> Fouettez l'œuf avec le beurre fondu, puis incorporez la cassonade en continuant de fouetter. Ajoutez la farine tamisée avec la fécule et la levure, puis versez le jus de poire. Mélangez la préparation qui doit être lisse.

> Coupez la poire en dés et le Carambar® en morceaux. Incorporez-les au mélange.

> Placez le mug dans le micro-ondes et faites cuire 1 minute 10 environ. Laissez refroidir.

PLUS GOURMAND : remplacez le beurre doux par du beurre salé, il se marie divinement avec le caramel.

Mug cake choco-menthe

POUR 1 MUG CAKE

PRÉPARATION : 4 min

CUISSON AU MICRO-ONDES (800 W) : 35 s + 1 min

---

45 g de chocolat noir à 70 % • 30 g de beurre • 1 petit œuf
• 20 g de farine • 2 cl soit 4 cuill. à soupe de sirop de menthe
• 1 cuill. à soupe de vermicelles de chocolat
• quelques feuilles de menthe

> Faites fondre le chocolat noir et le beurre dans un mug pendant 35 secondes au micro-ondes. Ajoutez l'œuf en fouettant.

> Incorporez la farine, le sirop de menthe et les vermicelles de chocolat.

> Mélangez afin que la préparation soit lisse et placez au micro-ondes pendant 1 minute environ, puis laissez refroidir. Décorez de quelques brins de menthe.

PLUS GOURMAND : ajoutez un chocolat à la menthe coupé en morceaux.

Mug cake Caraïbes

POUR 1 MUG CAKE

PRÉPARATION : 4 min
CUISSON AU MICRO-ONDES (800 W) : 20 s + 1 min

20 g de beurre • 15 g de cassonade • 1 banane bien mûre écrasée • 25 g de farine • 1 pincée de levure chimique • 2 cl soit 4 cuill. à café de rhum ambré • 1 pincée de gousse de vanille en poudre • 1 cuill. à soupe de copeaux de noix de coco

> Faites fondre le beurre dans un mug pendant 20 secondes au micro-ondes.

> Ajoutez la cassonade en fouettant. Incorporez la banane écrasée, la farine tamisée avec la levure, puis le rhum. Mélangez, saupoudrez de vanille et de noix de coco râpée avant de mélanger de nouveau.

> Placez au micro-ondes pendant 1 minute environ, puis laissez refroidir.

PLUS GOURMAND : puisque le Bounty® a un goût de paradis, ajoutez-en quelques morceaux à la préparation avant de la cuire.

Mug cake so spéculoos

POUR 1 MUG CAKE

PRÉPARATION : 5 min
CUISSON AU MICRO-ONDES (800 W) : 20 s + 1 min

20 g de beurre • 20 g de farine • 1 pincée de levure chimique
• 2 cuill. à soupe de pâte de spéculoos • 2 cl soit 4 cuill.
à café de lait demi-écrémé • 1 blanc d'œuf • 10 g de sucre glace
• 1 pincée de cannelle en poudre

> Faites fondre le beurre dans un mug pendant 20 secondes au micro-ondes. Ajoutez la farine tamisée avec la levure et mélangez. Délayez la pâte de spéculoos avec le lait et incorporez à la préparation.

> Fouettez le blanc d'œuf en neige avec le sucre glace et incorporez-le délicatement au mélange précédent en soulevant la masse.

> Saupoudrez de cannelle et placez au micro-ondes pendant 1 minute environ. Laissez refroidir.

PLUS GOURMAND : incorporez un gros carré de chocolat noir au cœur de la préparation, juste avant de cuire le Mug cake.

Mug cake du Père Noël

POUR 1 MUG CAKE

PRÉPARATION : 5 min
CUISSON AU MICRO-ONDES (800 W) : 25 s + 1 min

1 cuill. à soupe de fruits confits en dés • 1 cuill. à soupe de raisins secs • 2 cl soit 4 cuill. à café de rhum • 1 pincée de cannelle en poudre • 25 g de beurre • 1 œuf • 25 g de cassonade • 20 g de farine • 1 pincée de levure chimique • 1 pincée de mélange quatre-épices • 1 cuill. à café de zestes d'orange • 1 cuill. à soupe d'amandes entières concassées • sucre glace

> Quelques heures avant la préparation du Mug cake, laissez macérer les fruits confits et les raisins secs dans le rhum avec la cannelle.

> Faites fondre le beurre dans un mug pendant 25 secondes au micro-ondes. Ajoutez l'œuf et la cassonade, puis fouettez. Incorporez la farine, la levure, le mélange d'épices, les zestes d'orange et les amandes concassées.

> Ajoutez le mélange de fruits confits, de raisins secs et de rhum, puis mélangez délicatement. Placez le mug au micro-ondes et lancez la cuisson pour 1 minute environ. Laissez refroidir et saupoudrez de sucre glace.

Mug cake girly
à la myrtille

POUR 1 MUG CAKE

PRÉPARATION : 4 min

CUISSON AU MICRO-ONDES (800 W) : 25 s + 1 min

30 g de beurre • 1 petit œuf • 10 g de sirop d'érable
• 20 g de farine • 2 cl soit 4 cuill. à café de lait concentré sucré
• 1 pincée de gousse de vanille en poudre • 2 cuill. à soupe
de myrtilles (en bocal ou décongelées) • quelques vermicelles
de sucre en forme de cœur

> Faites fondre le beurre 25 secondes au micro-ondes dans un mug. Ajoutez l'œuf et fouettez-le avec le sirop d'érable à l'aide d'une fourchette.

> Incorporez la farine, le lait concentré, la vanille et les myrtilles égouttées. Mélangez et faites cuire au micro-ondes pendant 1 minute environ.

> Laissez refroidir, démoulez et décorez de sucre rose en forme de cœur (on est girly ou on ne l'est pas !).

PLUS LIGHT : remplacez l'œuf entier par un blanc d'œuf battu en neige.

Mug cake presque cheesecake

POUR 1 MUG CAKE

PRÉPARATION : 4 min • CUISSON AU MICRO-ONDES (800 W) : 20 s + 1 min 30 • RÉFRIGÉRATION : 2h minimum

3 cuill. à soupe de fromage frais (Kiri®, St Môret®, Philadelphia®...) • 3 cuill. à soupe de crème fraîche épaisse entière • 20 g de beurre • 10 g de sucre glace • 1/2 cuill. à café de fécule de maïs • 1 blanc d'œuf • 2 cuill. à soupe de sauce caramel liquide • 2 biscuits secs

> Fouettez le fromage frais avec la crème épaisse dans un mug.

> Dans un autre mug, faites fondre le beurre coupé en morceaux au micro-ondes pendant 20 secondes. Versez le beurre fondu dans le premier mug et ajoutez le sucre glace, la fécule et le blanc d'œuf non battu. Mélangez pendant 30 secondes environ, afin que la préparation soit bien lisse.

> Versez la sauce au caramel et remuez à peine avec la lame d'un couteau, juste pour marbrer la crème. Enfournez pour 1 minute 30 environ au micro-ondes.

> Laissez totalement refroidir et réservez 2 heures au réfrigérateur. Parsemez de biscuits émiettés juste avant de servir.

Mug cake breton façon far

POUR 1 MUG CAKE

PRÉPARATION : 4 min
CUISSON AU MICRO-ONDES (800 W) : 25 s + 1 min

30 g de beurre • 1 petit œuf • 20 g de sucre en poudre • 20 g de farine • 2 cuill. à soupe de lait tiède • 6 petits pruneaux dénoyautés

> Faites fondre le beurre 25 secondes au micro-ondes dans un mug. Ajoutez l'œuf et fouettez-le avec le sucre et la farine.

> Versez le lait tiède (c'est une technique qui permet au lait de se mélanger parfaitement avec la farine). Mélangez et ajoutez les pruneaux.

> Placez le mug au micro-ondes pendant 1 minute environ, puis laissez refroidir.

ASTUCE : afin que les fruits ne tombent pas au fond du mug, roulez-les rapidement dans un peu de farine. Cette technique est également valable pour les cakes et fonctionne avec tous les fruits, frais ou confits.

Mug Melba

POUR 1 MUG CAKE

PRÉPARATION : 4 min
CUISSON AU MICRO-ONDES (800 W) : 20 s + 1 min

20 g de beurre • 20 g de farine • 1 pincée de levure chimique • 1 blanc d'œuf • 10 g de sucre glace • 2 cl soit 4 cuill. à café de crème liquide entière • 1 cuill. à soupe de vanille liquide • 1 pincée de gousse de vanille en poudre • 1/2 pêche au sirop • un nuage de crème Chantilly • 1 cuill. à soupe de coulis de framboises • 1 pincée de vermicelles colorés

> Faites fondre le beurre dans un mug pendant 20 secondes au micro-ondes. Ajoutez la farine tamisée avec la levure et mélangez.

> Fouettez le blanc d'œuf en neige avec le sucre glace et incorporez-le au mélange précédent.

> Versez la crème liquide et la vanille, saupoudrez de gousse de vanille en poudre et mélangez de nouveau.

> Incorporez la demi-pêche coupée en morceaux et faites cuire au micro-ondes pendant 1 minute environ.

> Laissez complètement refroidir, puis nappez de crème Chantilly, de coulis de framboises et saupoudrez de vermicelles.

Mug cake comme un cookie

POUR 1 MUG CAKE

PRÉPARATION : 5 min
CUISSON AU MICRO-ONDES (800 W) : 20 s + 1 min

15 g de beurre • 10 g de cassonade • 1 sachet de sucre vanillé • 1 jaune d'œuf • 20 g de farine • 10 g de fécule de maïs • 2 cuill. à soupe d'éclats de noisettes • 1 cuill. à café de pralin • 2 cuill. à soupe d'éclats de chocolat noir

> Faites fondre le beurre en morceaux au micro-ondes dans un mug pendant 20 secondes.

> Ajoutez la cassonade et le sucre vanillé en fouettant, puis incorporez le jaune d'œuf.

> Ajoutez la farine, la fécule et enfin les noisettes, le pralin et les éclats de chocolat noir.

> Placez le mug au micro-ondes et faites cuire 1 minute environ. Laissez refroidir.

MON CONSEIL : réalisez des éclats de chocolat en frappant 2 carrés dans un sac congélation avec un marteau. Redoutable (et moins onéreux que ceux du commerce)...

Mug cake brownie

POUR 1 MUG CAKE

PRÉPARATION : 5 min
CUISSON AU MICRO-ONDES (800 W) : 35 s + 1 min

45 g de chocolat noir • 25 g de beurre salé • 1 petit œuf
• 10 g de cassonade • 10 g de sucre en poudre • 15 g de farine
• 5 g d'amandes en poudre • 2 cl soit 4 cuill. à café de crème
liquide • 2 cuill. à soupe de noix de pécan • 1 cuill. à soupe
de pistaches non salées

> Coupez le chocolat noir et le beurre en morceaux.
Placez-les dans un mug et faites-les fondre au micro-ondes
pendant 35 secondes environ.

> Fouettez le mélange avec l'œuf, les sucres, la farine
et les amandes en poudre. Versez la crème liquide en filet
en continuant de mélanger.

> Concassez les noix de pécan et les pistaches,
puis ajoutez-les à la préparation.

> Faites cuire au micro-ondes pendant 1 minute environ
et laissez refroidir 5 minutes.

PLUS GOURMAND : faites torréfier les fruits secs
dans une poêle à sec pendant 3 minutes.

Mug cake café-chocolat blanc

POUR 1 MUG CAKE

PRÉPARATION : 5 min

CUISSON AU MICRO-ONDES (800 W) : 20 s + 1 min]

30 g de beurre • 2 blancs d'œufs • 20 g de farine
• 20 g de cassonade • 2 cuill. à soupe de crème au café
• 3 gouttes d'extrait de café • 2 cuill. à soupe de crème
au chocolat blanc • 1 carré de chocolat blanc

> Coupez le beurre en morceaux et répartissez-le dans deux mugs. Placez les mugs au micro-ondes pendant 20 secondes environ.

> Ajoutez 1 blanc d'œuf non battu par mug et fouettez-le avec le beurre fondu. Incorporez 10 g de farine et 10 g de cassonade par tasse en continuant à mélanger.

> Dans une tasse, ajoutez la crème au café et l'extrait de café liquide. Mélangez bien. Dans l'autre mug, incorporez délicatement la crème au chocolat blanc.

> Versez la préparation au chocolat blanc dans le mug au café. Enfoncez un couteau et formez des zigzags sans mélanger complètement les préparations.

> Placez le carré de chocolat blanc au cœur du mug et faites cuire au micro-ondes pendant 1 minute environ. Laissez tiédir 5 minutes.

Mug cake Nutella®-M&M's®

POUR 1 MUG CAKE

PRÉPARATION : 4 min

CUISSON AU MICRO-ONDES (800 W) : 15 s + 1 min

10 g de beurre • 2 cuill. à soupe de Nutella® • 1 œuf • 20 g de farine • 1 pincée de levure chimique • 2 cl soit 4 cuill. à café de lait demi-écrémé • 10 M&M's® à la cacahuète, concassés

> Dans un mug, coupez le beurre en morceaux et faites-le fondre avec le Nutella® pendant environ 15 secondes au micro-ondes.

> Mélangez et ajoutez l'œuf. Fouettez en incorporant la farine et la levure, puis versez le lait progressivement en continuant de mélanger, jusqu'à ce que la pâte soit lisse.

> Ajoutez les M&M's® concassés, mélangez brièvement et enfournez pour 1 minute environ au micro-ondes. Laissez ensuite refroidir.

Mug cake antigrippe pommes, miel et calvados

POUR 1 MUG CAKE

PRÉPARATION : 4 min
CUISSON AU MICRO-ONDES (800 W) · 20 s + 1 min

15 g de beurre • 15 g de miel liquide • 2 cuill. à soupe de compote de pomme en morceaux • 15 g de farine • 10 g d'amandes en poudre • 1 pincée de zestes de citron • 2 cl soit 4 cuill. à café de calvados

> Faites fondre le beurre dans un mug pendant 20 secondes au micro-ondes.

> Fouettez-le avec le miel et la compote de pomme. Ajoutez la farine, les amandes en poudre et les zestes de citron. Mélangez et versez le calvados.

> Placez le mug 1 minute environ au micro-ondes et laissez refroidir.

Mug cake tout marron

POUR 1 MUG CAKE

PRÉPARATION : 4 min
CUISSON AU MICRO-ONDES (800 W) : 25 s + 1 min

35 g de beurre • 1 petit œuf • 20 g de farine • 2 cl soit 4 cuill. à café de lait concentré sucré • 2 cuill. à soupe de crème de marrons • 1 cuill. à café de brisures de marrons glacés • 1 pincée de chocolat noir râpé

> Coupez le beurre en morceaux dans un mug. Faites-le fondre au micro-ondes pendant 25 secondes environ.

> Cassez l'œuf directement dans le mug. Fouettez-le avec le beurre fondu et incorporez la farine et le lait concentré sans cesser de mélanger.

> Ajoutez la crème de marrons et les brisures de marrons glacés, puis placez le mug au micro-ondes et faites cuire 1 minute environ. Laissez refroidir et parsemez de chocolat noir râpé.

PLUS GOURMAND : quelques amandes effilées ajoutées à ce Mug cake lui apporteront un côté croustillant.

Mug Ispahan rose, framboises et litchis

POUR 1 MUG CAKE

PRÉPARATION : 5 min
CUISSON AU MICRO-ONDES (800 W) : 1 min + 25 sec

1 œuf • 20 g de sucre en poudre • 20 g de fécule de maïs
• 5 g d'amandes en poudre • 2 cl soit 4 cuill. à café de lait
concentré non sucré • 2 cuill. à café de sirop de rose
• 4 litchis (frais ou au sirop) coupés en morceaux
• 5 framboises • 1 carré de chocolat blanc

> Fouettez l'œuf dans un mug. Ajoutez le sucre, la fécule
et les amandes en poudre. Mélangez en versant le lait
en filet, puis le sirop de rose. Incorporez les litchis,
les framboises et mélangez délicatement sans écraser
les fruits.

> Placez le mug au micro-ondes, faites cuire 1 minute,
puis 25 secondes. Laissez refroidir et recouvrez de chocolat
blanc râpé.

Qui a dit que les Mug cakes étaient exclusivement réservés aux amateurs de sucré ? Voici deux recettes délicieuses de Mug cakes salés !

Mug omelette

POUR 1 MUG CAKE

PRÉPARATION : 4 min
CUISSON AU MICRO-ONDES (800 W) : 1 min + 1 min

1 tranche de jambon de Bayonne • 1/2 tranche de pain de mie • 2 œufs • 3 cl soit 2 cuill. à soupe de lait demi-écrémé • 2 cuill. à soupe de gruyère râpé • 1 cuill. à soupe de ciboulette ciselée • sel et poivre

> Coupez la tranche de jambon de Bayonne en lanières et le pain de mie en morceaux.

> Cassez les œufs dans un mug. Fouettez-les avec le lait et le fromage. Rectifiez l'assaisonnement sans trop saler et incorporez les morceaux de jambon et de pain de mie. Parsemez de ciboulette et mélangez de nouveau. Enfournez pour 1 minute au micro-ondes, puis poursuivez la cuisson 1 minute environ en surveillant.

PLUS LIGHT : remplacez le jambon de Bayonne par du bacon.

Mug quiche bleu au saumon

POUR 1 MUG CAKE

PRÉPARATION : 4 min
CUISSON AU MICRO-ONDES (800 W) : 1 min + 1 min

1 petite tranche de saumon fumé • 1 œuf • 2 cl soit 4 cuill. à café de lait demi-écrémé • 2 cuill. à café de crème de Roquefort® • 1 cuill. à soupe d'aneth ciselé • sel et poivre

> Coupez la tranche de saumon fumé en lanières.

> Cassez l'œuf dans un mug et fouettez-le avec le lait et le fromage frais. Rectifiez l'assaisonnement sans trop saler et incorporez les lanières de saumon fumé. Parsemez d'aneth et mélangez de nouveau. Enfournez pour 1 minute au micro-ondes, puis poursuivez la cuisson 1 minute environ en surveillant.

VARIANTE : remplacez la crème de Roquefort® par du Kiri®, du St Môret® ou du Philadelphia®.

TABLES DES ÉQUIVALENCES FRANCE-CANADO

POIDS								
55 g	100 g	150 g	200 g	250 g	300 g	500 g	750 g	1 kg
2 onces	3,5 onces	5 onces	7 onces	9 onces	11 onces	18 onces	27 onces	36 onces

Ces équivalences permettent de calculer le poids à quelques grammes près (en réalité, 1 once = 28 g).

CAPACITÉS						
5 cl	10 cl	15 cl	20 cl	25 cl	50 cl	75 cl
2 onces	3,5 onces	5 onces	7 onces	9 onces	17 onces	26 onces

Pour faciliter la mesure des capacités, une tasse équivaut ici à 25 cl (en réalité, 1 tasse = 8 onces = 23 cl).